Frédéric Chopin
(1810-1849)

Études

für Klavier · for piano · pour piano

Urtext

Herausgegeben von · Edited by · Edité par
Gábor Csalog
K 119
Könemann Music Budapest

INDEX

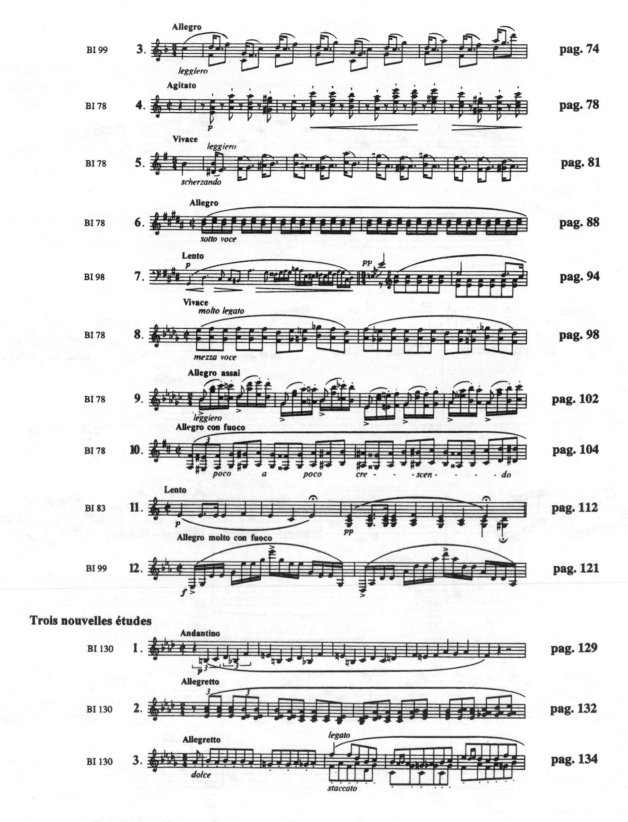

Trois nouvelles études

The Critical Notes which belong to this Urtext edition are available at www.koenemann.com

© 1995 for this edition by Könemann Music Budapest Kft.
H-1093 Budapest, Vámház krt. 5.
Responsible co-editor: Tamás Zászkaliczky
Engraved by Kottamester Bt., Budapest

K 119

Distributed worldwide by Tandem Verlag GmbH
Im Mühlenbruch 1, D-53639 Königswinter

Printed in EU

ISBN 3-8331-1330-8

Dédiées à son ami F. Liszt

Études
Op. 10

Op. 10, No. 1
Brown-Index 59
1830

K 119

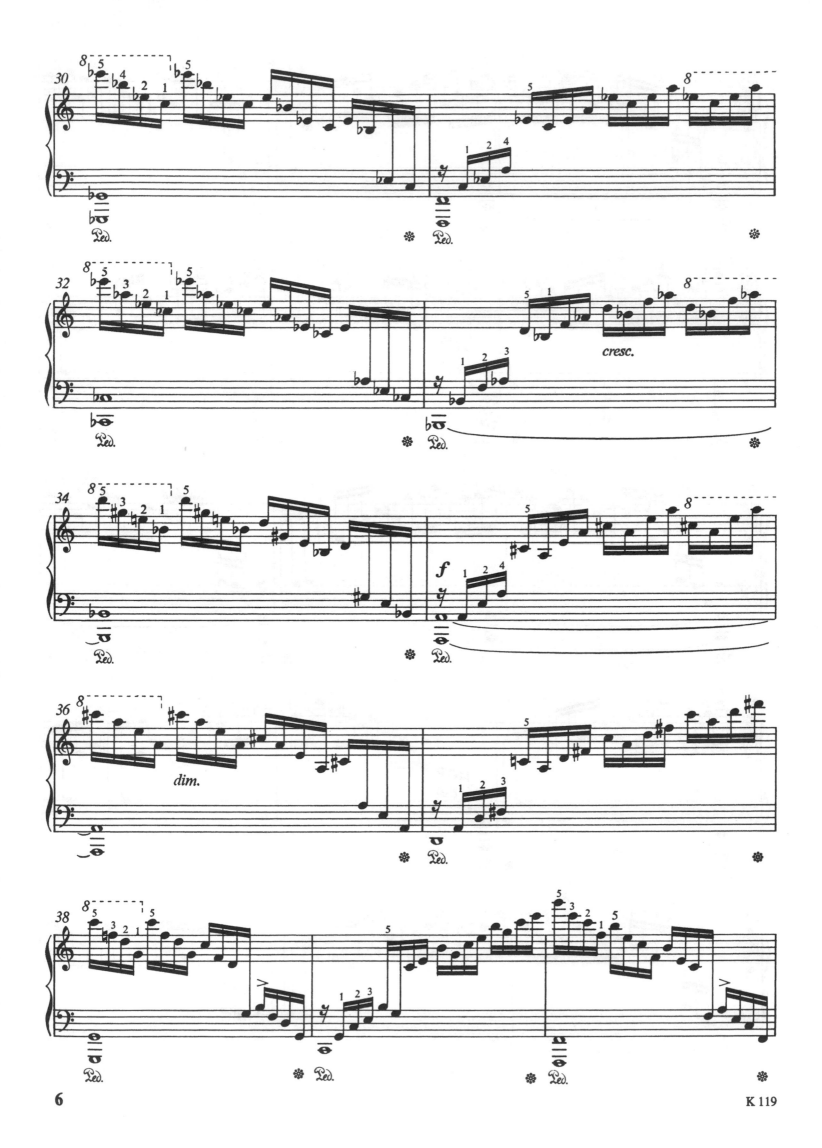

8

Lento ma non troppo ♪ = 100

3.

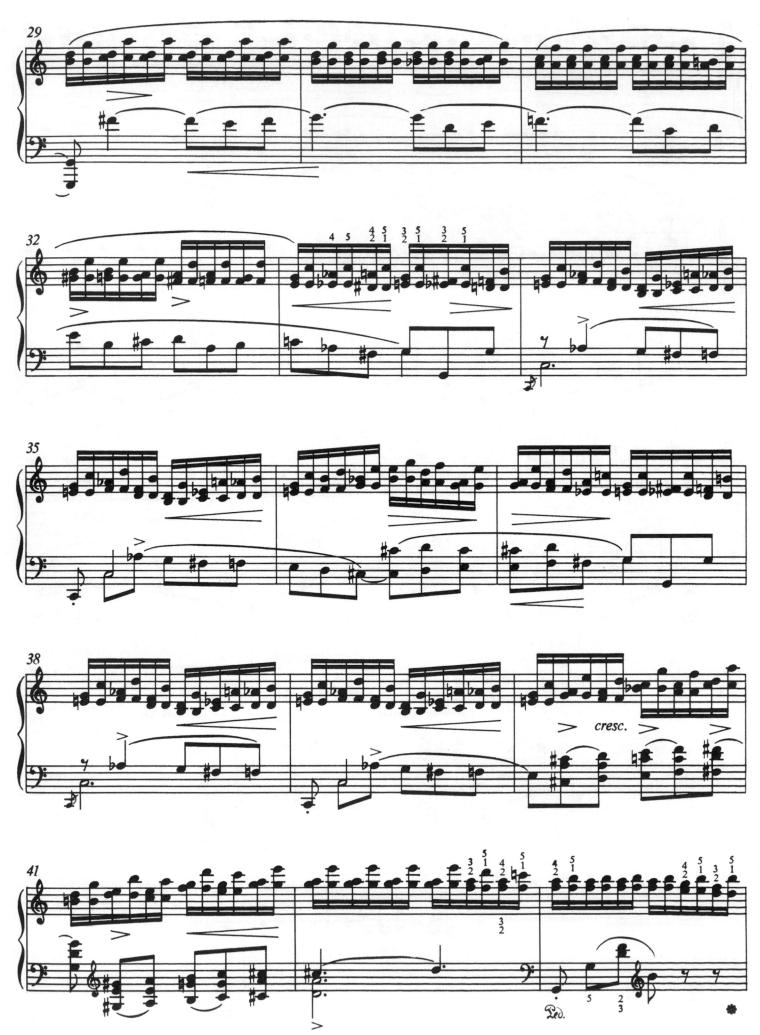

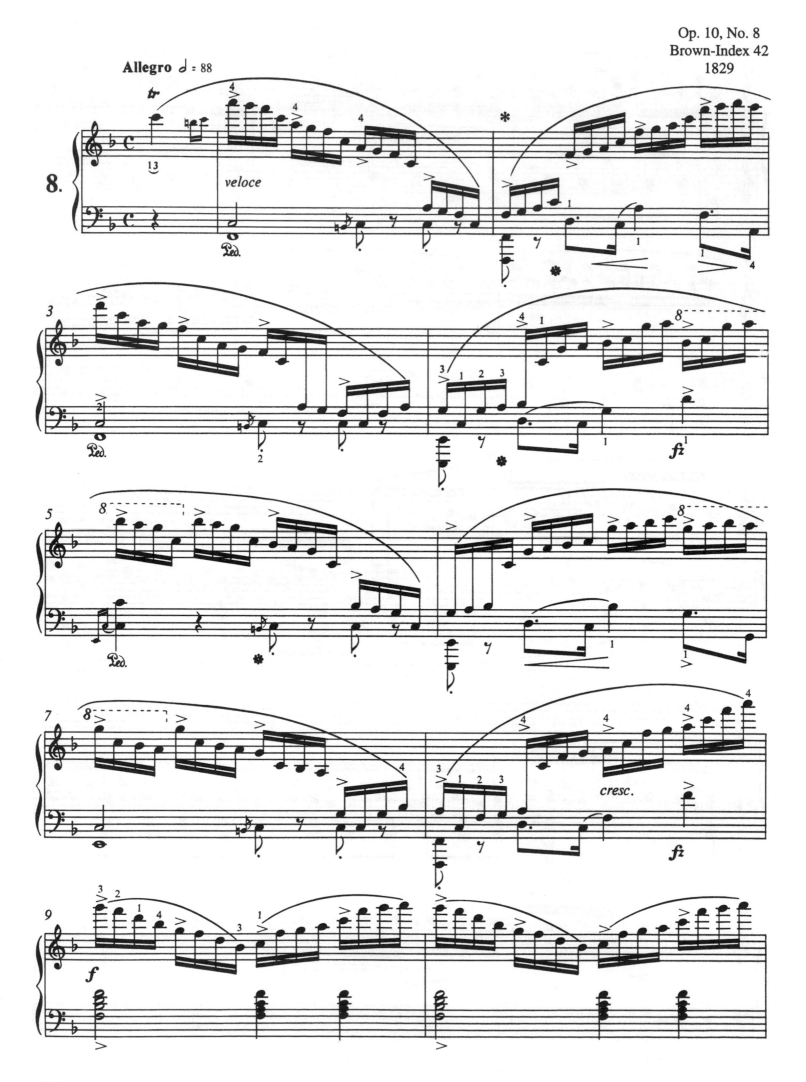

10.

Vivace assai ♩. = 152

54　　　　　　　　　　　　　　　　　　　　　　　　　　　　K 119

Op. 10, No. 11
Brown-Index 42
1829

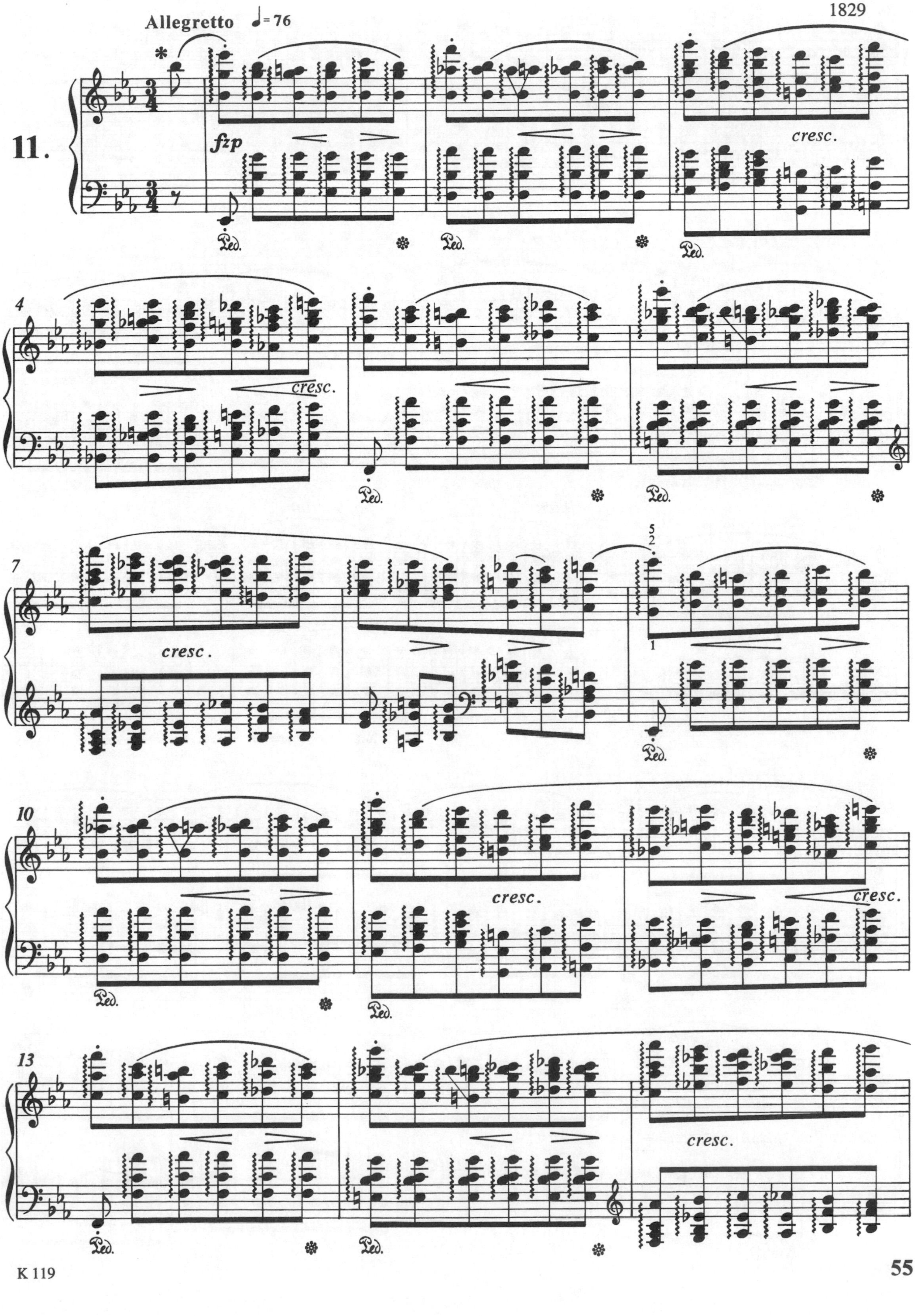

Études
Op. 25

Op. 25, No. 1
Brown-Index 104
1836

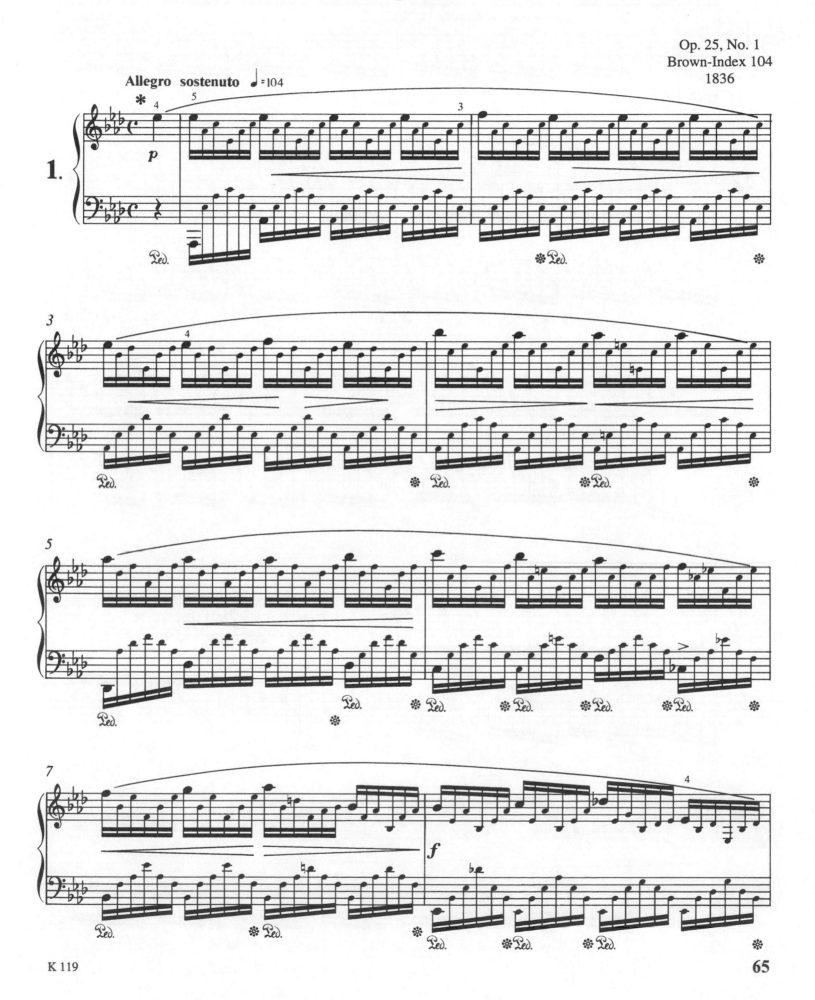

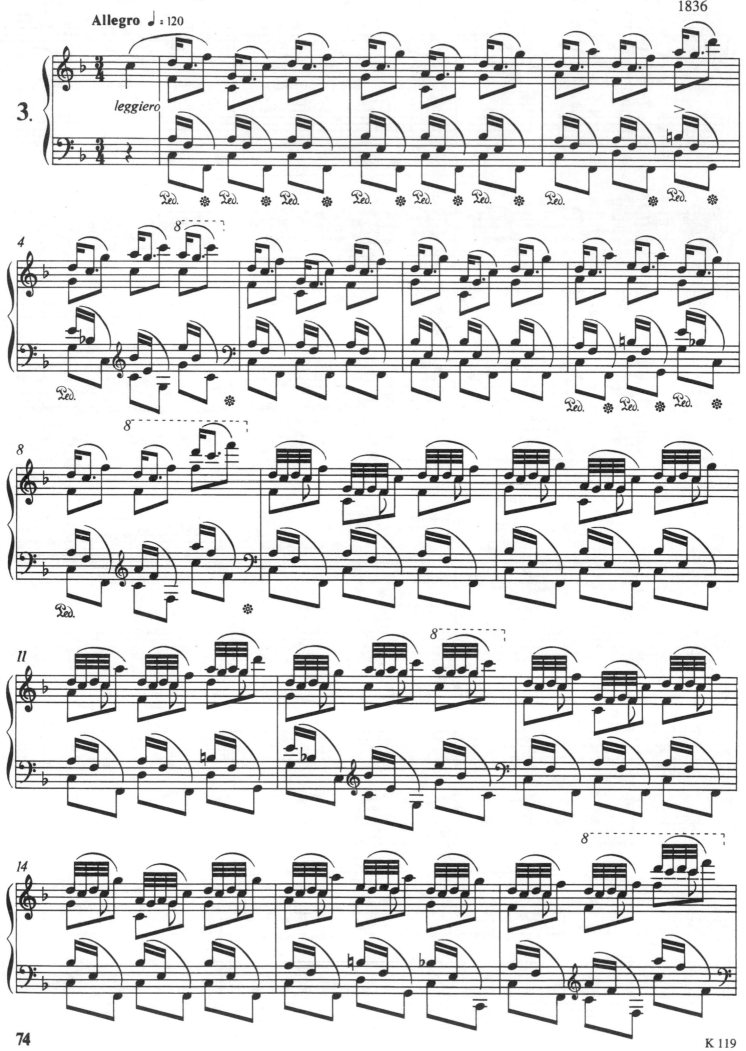

Op. 25, No. 6
Brown-Index 78
1832-34

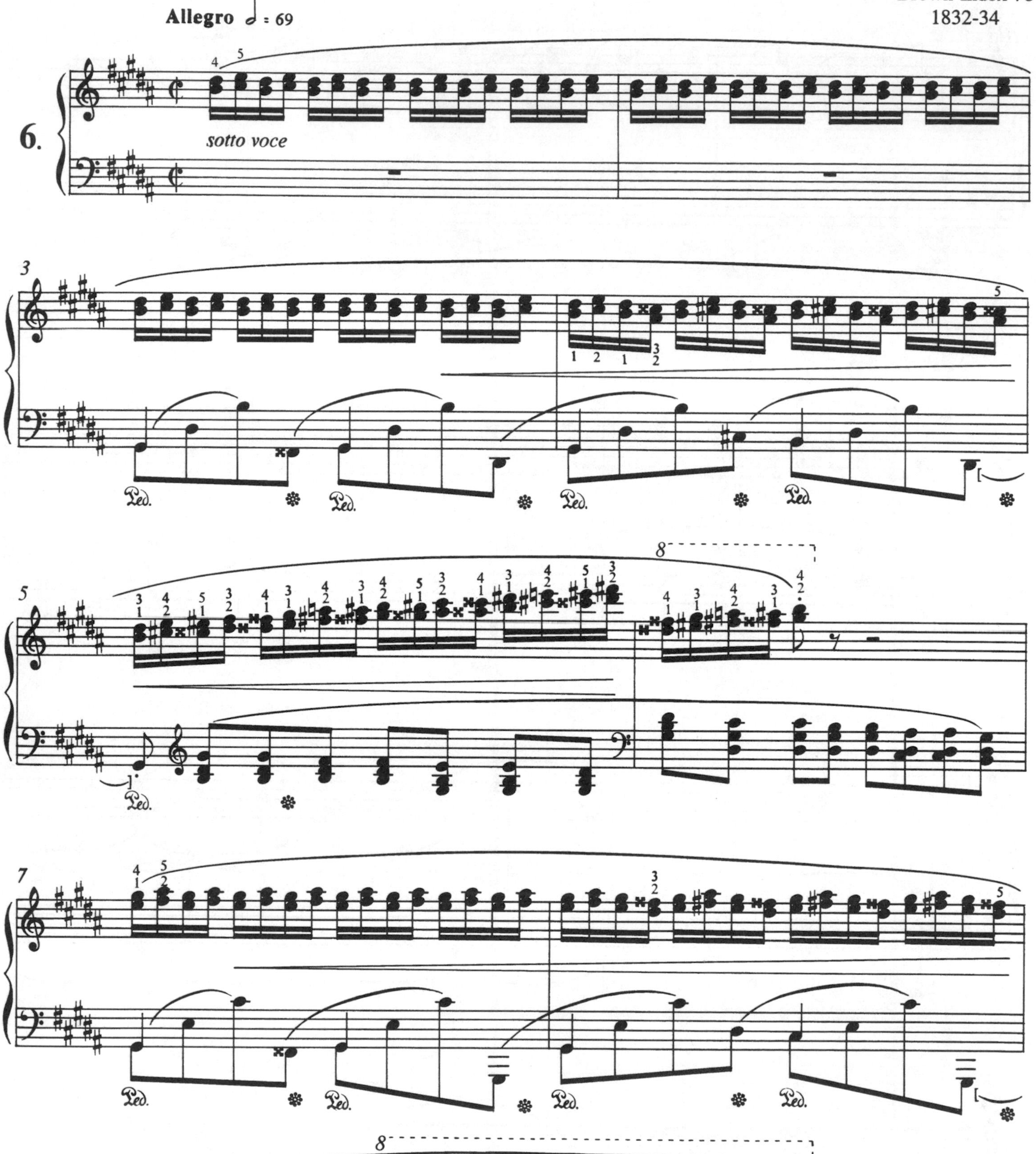

92

K 119

Op. 25, No. 8
Brown-Index 78
1832-34

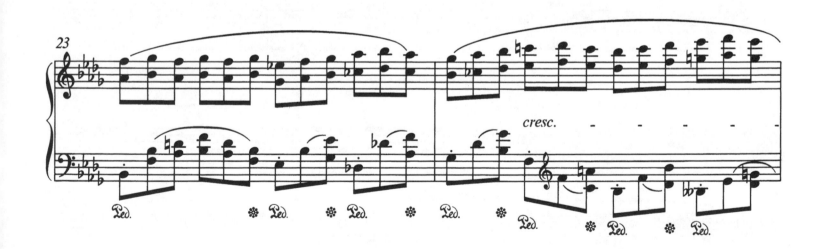

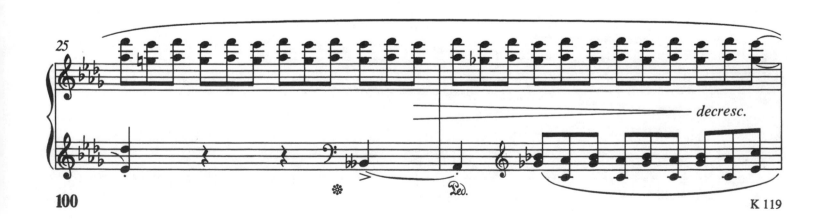

K 119

118

Allegro molto con fuoco ♩ = 80

12.

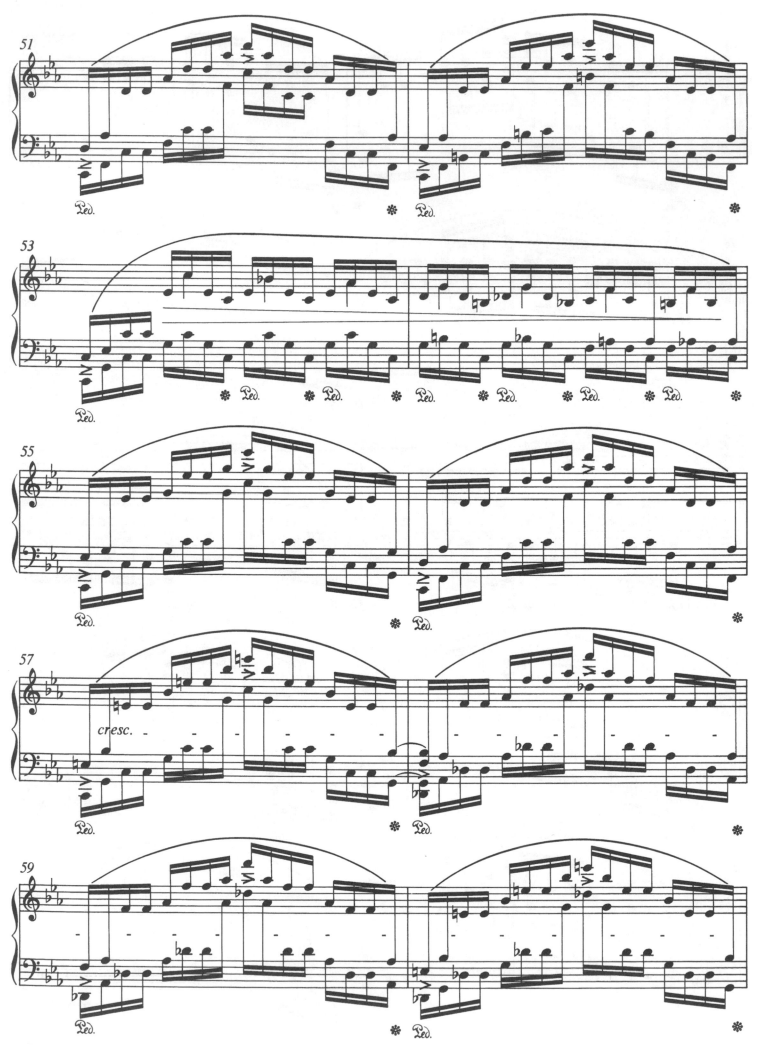

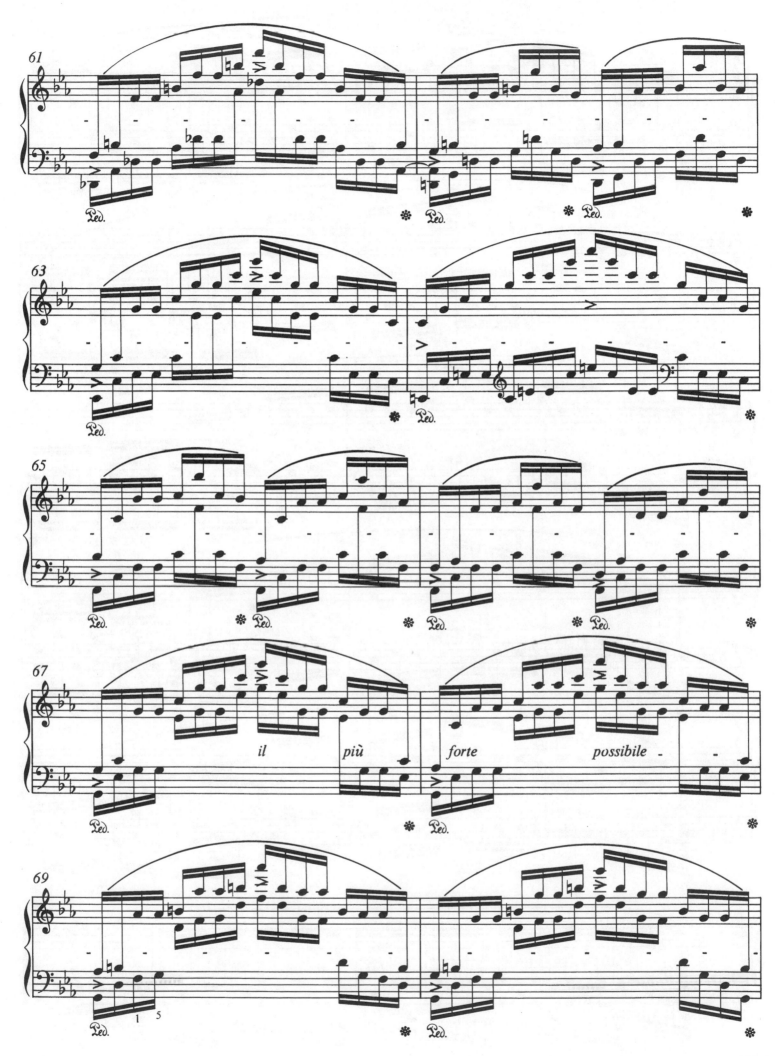

128

Trois nouvelles études

Brown-Index 130
1839

2.